MUST READ **ANALISI DEL LIBRO**

AF137660

L'isola del teschio

· · · · · · · · · · · · · · · · ·

ANTHONY HOROWITZ

ANALISI DEL LIBRO

Scritto da Elena Pinaud
Tradotto da Sara Rossi

L'isola
del teschio

• •

Anthony Horowitz

ANTHONY HOROWITZ

SCRITTORE INGLESE

- **Nato nel 1955 a Londra**
- **Alcune delle sue opere:**
  - *Il falcone maltese* (1986), romanzo
  - *La foto assassina* (2005), racconti brevi
  - *Sherlock Holmes è morto. Lunga vita a Moriarty* (2014), romanzo

Anthony Horowitz è uno scrittore inglese nato nel 1955. È autore di oltre quaranta romanzi, tradotti in molte lingue, ed è uno scrittore di fama mondiale. È noto soprattutto per la sua letteratura per ragazzi, con storie di fantasia (come *L'Isola del Teschio* e il suo seguito, *Maledetto Graal*, 1995) e romanzi polizieschi (come *Il falcone maltese* e *Nemico pubblico n. 2*, 2014), sempre caratterizzati da colpi di scena e da uno stile umoristico. Ha scritto anche romanzi per adulti, come *Moriarty* (2014), il seguito delle avventure di Sherlock Holmes, e sceneggiature per serie televisive come *Hercule Poirot* (1991-2002) e *Inspector Barnaby* (1997-2000).

Le sue opere hanno vinto premi letterari: il premio Polar-Jeunes nel 1988 per *Le Faucon malté*, il Premio europeo del romanzo per ragazzi nel 1993 per *L'Île du crâne* e il Grand Prix des lecteurs du magazine *Je bouquine* nel 1994 per *Devine qui vient tuer* (1991). Nel gennaio 2014 è stato insignito della Medaglia Onoraria dell'Ordine dell'Impero Britannico per i "servizi resi alla letteratura".

L'ISOLA DEL TESCHIO

UNA FAVOLA MODERNA PIENA DI UMORISMO

- **Genere:** romanzo fantasy
- **Edizione di riferimento:** *L'Île du crâne,* traduzione dall'inglese di Annick Le Goyat, Paris, Le Livre de Poche Jeunesse, 2014, 192 p.
- **1a edizione:** 1988
- **Temi:** magia, fantasy, adolescenti, scuola, vampiri, maghi

Pubblicato nel 1988, *L'Isola del Teschio* (*Groosham Grange* nella versione originale) è una sorta di fiaba fantasy moderna con accenni di umorismo assurdo. È la storia di un ragazzo di 12 anni, David Eliot, che riesce a superare gli ostacoli dei genitori e della scuola e a costruirsi come adolescente, con l'aiuto di tutta una serie di strani personaggi.

La scrittura ironica, la presenza di simboli, le belle allusioni alla società attuale e il ritmo vivace dei dialoghi conferiscono al testo una grande ricchezza. *L'Isola del Teschio* ha ricevuto il Premio europeo del romanzo per ragazzi della città di Poitiers nel 1993.

SINTESI

GROOSHAM GRANGE: LA SCUOLA DELLA DISCIPLINA

Alla fine del primo trimestre dell'anno scolastico, il dodicenne David Eliot torna a casa con una pessima pagella e commenti estremamente negativi da parte dei suoi insegnanti. Una lettera informa i genitori che è stato espulso, "per costante e deliberato socialismo" (p. 14). Sua madre, la signora Eliot, vorrebbe non avere altri figli. Il padre, arrabbiato, ricorda malinconicamente le punizioni che il padre stesso gli infliggeva quando non era all'altezza delle sue aspettative: si vede "appeso per i piedi al frigorifero" (p. 10). "In gioventù sapevo cosa significava disciplina [...] La frusta! È questo che manca loro", grida a proposito dei bambini di oggi (p. 19). Esasperato da questi scarsi risultati, si scaglia contro il figlio con un coltello: trasportato dallo slancio, accoltella la moglie prima di travolgerla con la sedia a rotelle e atterrare nel camino. David approfitta della situazione per rifugiarsi nella sua camera da letto.

Il giorno dopo, il signor Eliot dice alla moglie che vuole che il figlio impari una vera disciplina. In quel momento, una lettera sembrò esaudire il suo desiderio. Era una lettera del Groosham Grange College che si offriva di insegnare la disciplina ai bambini. Lì l'anno scolastico prevede una sola vacanza all'anno e, poiché la scuola si trova su un'isola, gli alunni non possono scappare.

David deve partire immediatamente per questo misterioso collegio. Sulla strada incontra Jeffrey e Jill, anch'essi espulsi dalla scuola e presto ospiti del Groosham Grange College. I tre adolescenti, depressi e sospettosi all'idea di entrare in questa strana scuola, fanno un patto per aiutarsi a vicenda: si sosterranno a vicenda e cercheranno di fuggire il prima possibile. L'incontro con un prete nel loro scompartimento fa nascere i sospetti su Groosham Grange: l'uomo si spaventa e sviene quando sente il nome della scuola. E per una buona ragione: si tratta infatti di una scuola di stregoneria.

Quando arrivano alla stazione, i bambini vengono accolti da Gregor, l'autista che li accompagnerà a scuola. Li porta su una barca in un vecchio carro funebre. Al porto, il capitano Baindesang, il traghettatore, si prende cura di loro. L'Isola del Teschio li colpisce soprattutto per la sua foresta selvaggia e le sue scogliere inaccessibili. Anche l'architettura dell'edificio scolastico è strana: è costruita in una sorprendente miscela di stili religiosi, amministrativi e ornamentali.

I PRIMI MISTERI

Appena arrivato, David viene mandato dal vicepreside, il signor Kilgraw. Vuole assicurare al ragazzo che la sua scuola offre un'istruzione che va "oltre i sogni più sfrenati" degli studenti e che il corpo docente è "diverso" (p. 55). Dice a David che è "il settimo figlio del settimo figlio" e che "questo lo rende speciale" (*ibid.*). Nel frattempo, David è costretto a scrivere il suo nome in un registro con il suo sangue, cosa che lo spaventa, così come il fatto di non poter vedere Kilgraw riflesso nel grande specchio del suo ufficio. Questo senso di terrore aumenta ulteriormente quando si rende conto che gli altri studenti, tutti con anelli neri simili a quelli di Kilgraw, si presentano con nomi che non corrispondono a quelli riportati sulle etichette delle loro uniformi. Tuttavia, le lezioni si svolgono abbastanza bene.

David, interrogandosi sulla natura della scuola, nota una serie di fatti strani: il signor Leloup tiene un piccione morto nel suo armadietto, la cucina sembra un laboratorio di biologia e di notte gli altri studenti scompaiono senza lasciare traccia. In seguito si rende conto che il corpo docente è composto da creature fantastiche: il signor Kilgraw, l'insegnante di latino, è un vampiro; il signor Creer, l'insegnante di modellismo, è un non-morto; il signor Leloup, l'insegnante di francese, è un lupo mannaro; la signorina Pedicure, responsabile delle lezioni di inglese, e la signora Windergast, la governante, sono streghe.

Deciso a trovare le prove, David entra nell'ufficio di Kilgraw, il vicedirettore, e si ustiona al contatto con un anello nero conservato in un cassetto. Kilgraw lo coglie sul fatto e gli dice che è deluso dal suo comportamento e dal suo spirito ribelle. Spera che un giorno David possa accettare la scuola così com'è.

Rimandato dalla signora Windergast per curare la sua ustione, a David viene offerto un unguento per aiutarlo a dormire meglio. Quella notte, sogna di trovarsi con tutti i pensionanti e gli insegnanti del collegio in una grotta per festeggiare il Natale con buon cibo, balli e risate. Lì vede il suo amico Jeffrey che riceve un anello nero dal signor Kilgraw. Il mattino dopo, scopre che il signor Kilgraw è ostile, non balbetta più e porta un anello nero al dito.

TENTATIVI DI FUGA

Spaventato, David scrive una lettera al padre chiedendogli di ritirarlo dal college, poiché pensa che gli insegnanti vogliano trasformarlo in uno zombie. In cambio, promette di realizzare il sogno del padre di succedergli alla guida della Banca d'Inghilterra. Il ragazzo, aiutato da Jill che ha fatto diversi tentativi di fuga dall'isola, decide anche di inviare in mare delle bottiglie contenenti richieste di aiuto. Uno di loro viene intercettato dal Ministero dell'Istruzione, che invia immediatamente un ispettore sull'isola. L'ispettore è rimasto inizialmente colpito da Groosham Grange. La scuola, informata del suo arrivo, si è accuratamente preparata per la sua visita: l'ispettore viene infine ucciso dalla signora Pedicure.

Il signor Kilgraw e i suoi colleghi decidono che è giunto il momento per David di sostenere un colloquio con i presidi della scuola. La sua insubordinazione sta interferendo con i loro piani per renderlo uno di loro e il tempo sta per scadere: hanno intenzione di introdurre David alla magia il giorno del suo tredicesimo compleanno. Se il ragazzo si rifiutasse, deve morire. Quando l'adolescente entra nell'ufficio del signor Fitch e del signor Teagle, i presidi, scopre che in realtà sono una sola persona con due teste. Alla loro vista, sviene.

Temendo di essere trasformato in uno zombie, David decide di fuggire due giorni dopo, il giorno del suo tredicesimo compleanno. Riesce a rubare la barca di Baindesang e a lasciare l'isola.

Tornato sulla terraferma, nessuno crede alla sua storia sulle streghe di Groosham Grange. Per saperne di più su ciò che ha appena vissuto, David si reca in biblioteca dove scopre il libro *Black Magic in Britain*, che gli fornisce molte informazioni sulle streghe, sulla loro iniziazione e sull'Accademia di Stregoneria di Groosham Grange.

All'uscita dalla biblioteca, David vede l'autista della scuola, Gregor. Per sfuggirgli, il ragazzo entra nella fiera della città e sale su un treno fantasma. Quando il treno esce dal tunnel, David si rende conto di essere sulle scogliere dell'Isola del Teschio. È già il suo compleanno: non può più sfuggirgli.

IL MONDO DELLA STREGONERIA

Jill appare e gli chiede di seguirla. La donna rivela a David che, essendo entrambi il settimo figlio di un settimo figlio, hanno poteri speciali e che gli insegnanti vogliono solo insegnare loro come usarli. Insieme attraversano lo specchio della biblioteca e si ritrovano nella grotta che David aveva sognato a Natale. Jill indossa un anello nero: David capisce che ha appena compiuto 13 anni e che questo anello simboleggia la sua iniziazione alla stregoneria. Circondato da insegnanti e studenti, David si trova di fronte a un dilemma: accettare di dimenticare la sua vecchia identità e diventare uno stregone o essere ucciso. La scelta viene fatta rapidamente.

Tornato per un giorno di vacanza con la famiglia, David, infastidito dai genitori, li congela per tre settimane con un incantesimo. Poi fa un altro incantesimo per prepararsi un frullato e si dice sicuro di superare gli esami di magia.

STUDIO DEL CARATTERE

DAVID ELIOT

David è un bambino di quasi 13 anni molto solo. Incompreso da insegnanti e genitori, ha sei sorelle che hanno già lasciato la casa. È "piccolo per la sua età e molto magro" (p. 9), con "capelli castani, occhi blu-verdi [e] lentiggini" (pp. 9-10). Mancando di fiducia in se stesso, si considera "piccolo e brutto" (p. 10). Sensibile e intelligente, "possiede una […] forza di carattere, [uno] spirito di indipendenza" (p. 73) che lo porta ad essere espulso dalla scuola pubblica a cui i genitori lo hanno iscritto. Il suo senso di giustizia e libertà gli impedisce di adattarsi alle "stupide regole e regolamenti" della scuola (p. 13). A Groosham Grange dimostra di essere un buon studente. Da solo, contro ogni previsione, con la sua amica Jill, dimostra coraggio e perseveranza. Avvertendo che gli insegnanti e gli studenti nascondono un oscuro segreto, non esita a correre dei rischi per scoprire cosa stanno cercando di nascondergli e conduce una meticolosa – e pericolosa – ricerca della verità. Questo lo porterà alla fine a scoprire se stesso e ad accettare la sua vera natura: è infatti un mago con grandi poteri.

EDWARD E EILEEN ELIOT

I genitori di David sono due personaggi caricaturali, cattivi e apparentemente insensibili a tutto. Il padre, su una sedia a rotelle a causa degli abusi subiti durante l'infanzia – che nella sua stupidità trova giustificati e vantaggiosi – è violento sia verbalmente che fisicamente. La madre, una bevitrice, è sottomessa al marito e lo sostiene nei suoi atti di autorità. Lo dimostra il trattamento riservato al figlio: lo privano della cena e del Natale, non lo ascoltano e adottano un atteggiamento autoritario. Non ci sono cambiamenti nel corso della storia.

JILL

Jill è una ragazza che sta per compiere 13 anni. Inviata a Groosham Grange lo stesso giorno di David, diventa subito sua alleata. Ha un "viso rotondo da ragazzo, […] capelli corti e castani e occhi azzurri" (p. 31). Trascurata dai genitori sempre assenti, è intraprendente e indipendente. La sua natura ribelle l'ha portata a scappare da due scuole pubbliche e ad essere espulsa dalla terza. È determinata a fuggire dall'Isola del Teschio, "nuotando […] se necessario" (p. 32). Una volta sull'isola, osservatrice, coraggiosa e determinata, continua a cercare un modo per lasciare la scuola e indaga con David su ciò che sta realmente accadendo lì. Il giorno del suo compleanno, messa di fronte alla verità sulla sua natura di strega durante la cerimonia di iniziazione della scuola, smette di resistere al mondo della magia.

JEFFREY

Come i due personaggi precedenti, Jeffrey ha quasi 13 anni e non soddisfa le aspettative dei genitori. Inoltre, il fatto che sia avido, incartapecorito e balbuziente lo rende una vittima privilegiata di scherno, tranne che sull'Isola del Teschio, dove tutte le differenze sono accettate. Non è un personaggio forte, poiché cede rapidamente ai piani oscuri degli insegnanti di Groosham Grange.

GREGOR

Gregor è l'autista del Groosham Grange College. È un personaggio gobbo, deforme e terribilmente brutto che serve fedelmente i suoi datori di lavoro e gli alunni della scuola che chiama "padroni" (p. 43). Durante la sua visita alla scuola, l'ispettore del Dipartimento dell'Educazione si congratula con Kilgraw dopo il suo incontro con Gregor: "L'Accademia è molto sensibile all'impiego di persone disabili". (p. 120)

SIGNOR KILGRAW

Il vicepreside e insegnante di latino è in realtà un vampiro che teme la luce del sole. David lo trova molto vecchio, dall'aspetto cadaverico e trasandato come i mobili del suo ufficio. Il compito di Kilgraw è quello di difendere il suo college e i suoi colleghi. È anche incaricato di reclutare nuovi studenti e di condurre i rituali di iniziazione: uccide coloro che rifiutano di essere iniziati alla magia e rende immortali coloro che accettano di collaborare.

CHIAVI DI LETTURA

UN RACCONTO MERAVIGLIOSAMENTE MODERNO

Le caratteristiche narrative della fiaba

L'Isola del Teschio è per molti versi una favola.

- **Lo schema narrativo.** La costruzione della storia segue quella di un racconto:

  - **la situazione iniziale:** è l'inizio della storia, il momento in cui si definisce l'ambientazione e si introducono i personaggi; la situazione è equilibrata, cioè non ha motivo di cambiare.

    - David è un bambino incompreso dai genitori e vive un'infanzia solitaria e insoddisfacente;

  - **l'elemento di disturbo:** si tratta di un evento che sconvolge la situazione iniziale e innesca la storia stessa.

    - È stato espulso dalla scuola e mandato a Groosham Grange sull'Isola del Teschio;

  - **i colpi di scena:** sono gli eventi causati dall'elemento di disturbo e che portano all'azione o alle azioni intraprese dall'eroe per risolvere il problema.

    - Dal suo arrivo sull'isola alla sua fuga, David ha vissuto diverse avventure, come la visita notturna alla scuola con Jill (quando tutti gli altri studenti sono scomparsi) o l'intrusione nell'ufficio del signor Kilgraw, durante la quale si brucia con l'anello nero del vicepreside prima di essere catturato;

- **l'epilogo:** pone fine agli eventi e conduce alla situazione finale.

  ‣ David viene magicamente riportato sull'isola ed entra nel mondo della stregoneria dopo una cerimonia di iniziazione;

- **la situazione finale:**

  ‣ David sta svolgendo il suo ruolo di apprendista stregone;

- **i personaggi.** Anche i personaggi e le loro relazioni avvicinano la storia a una fiaba. Ci sono:

  - **un eroe:** David;

  - **coadiuvanti:** Jill e Jeffrey (fanno un patto all'inizio della storia: "staremo insieme… noi contro di loro", p. 36);

  - **oppositori:** il personale della scuola, il capitano Baindesang e altri studenti.

Simboli e altri elementi classici delle fiabe

- **il numero 7, un numero "magico":** gli alunni traggono il loro potere magico dall'essere il settimo figlio di un settimo figlio;

- **il numero 13, il numero "malvagio":** è all'età di 13 anni che gli alunni di Groosham Grange vengono iniziati e ricevono l'anello nero, segno della loro appartenenza al mondo della magia e al mondo malvagio dell'Isola del Teschio;

- **l'isola:** il luogo in cui si svolge l'azione è isolato. È impossibile trovarlo su una mappa e non è collegato al resto del mondo conosciuto. Corrisponde quindi ai luoghi indefiniti dei racconti meravigliosi (ad esempio, "un regno molto lontano");

- **oggetti magici:**

  ○ l'"anello nero" indossato dagli alunni e dagli insegnanti di Groosham Grange (quando David tocca quello che trova nell'ufficio del signor Kilgraw, si brucia);

  ○ lo specchio della biblioteca che funge da passaggio per gli studenti che lo attraversano ogni notte a mezzanotte;

  ○ l'unguento applicato dalla signora Windergast sulla fronte di David, che lo porta in un viaggio onirico;

  ○ la bambola di cera e gli aghi usati per uccidere l'ispettore.

- **i meravigliosi personaggi:** la signora Windergast, direttrice della scuola, è una strega, una figura tipica delle fiabe, e la signorina Pedicure è una strega, una figura tipica delle fiabe.

Manicheismo

Mentre i racconti tradizionali stabiliscono una chiara differenza tra buoni e cattivi, tra bene e male, questa storia è diversa in quanto rifiuta di essere manichea: il confine tra queste due nozioni è più complesso e ambiguo. In effetti, nell'*Isola del Teschio*, il lettore si rende conto alla fine, così come il protagonista, che colui che si crede "cattivo" non lo è affatto: David passa il tempo cercando di sfuggire a coloro che gli augurano il meglio (Jill dice: "Li stavamo combattendo. Eppure sono sempre stati dalla nostra parte", p. 171). Inoltre, è chiaro che la scuola sull'Isola del Teschio, sebbene gestita da maghi e intrisa di magia nera, è più piacevole delle scuole pubbliche da cui David, Jill e Jeffrey sono stati espulsi. David non si annoia in classe, fa progressi in tutte le materie e "non c'è punizione" (p. 61). I cattivi, i mostri (cioè gli insegnanti), benché tetri e capaci di dare la morte, sono "cattivi piuttosto simpatici", come sottolinea il signor Kilgraw (p. 174). È vero che i professori hanno ucciso l'ispettore, ma si difendono dal loro crimine sostenendo che non avevano altra scelta perché rischiavano di essere scoperti dalla società inglese. Alla fine del romanzo, troviamo David in fiore, che si chiede se sceglierà "la magia bianca o la magia nera" e preferisce "rimandare la sua decisione" (pp. 179-180). Infine, le creature tradizionalmente malvagie sono presentate qui in una luce migliore rispetto ai genitori di David o alle scuole pubbliche inglesi, che sono più i "cattivi" della storia.

UNA RICERCA INIZIATICA

Una fiaba è una storia di iniziazione, che di solito coinvolge un bambino che supera varie prove per diventare adulto. L'eroe è alla ricerca (in questo caso della verità su Groosham Grange), ma in realtà è la sua stessa realizzazione che sta cercando. È il caso di questo romanzo: il giovane David scoprirà e realizzerà se stesso alla fine della storia. La cerimonia a cui si sottopone il giorno del suo tredicesimo compleanno funge da rito di passaggio all'età adulta e da iniziazione alla magia.

L'anello nero che gli viene consegnato è il simbolo della sua nuova appartenenza al mondo dei maghi. Passa da uno stato all'altro: da bambino a uomo, da semplice mortale a stregone. Questa metamorfosi è sottolineata dal fatto che abbandona il suo nome originale e prende quello di un famoso ex mago (la storia non dice quale abbia scelto).

UNA STORIA FANTASTICA

Tuttavia, l'*Isola del Teschio* non è, in senso stretto, un racconto. Mentre un racconto meraviglioso è ambientato in una temporalità indefinita ("c'era una volta") e in un universo che viene immediatamente accettato come magico, un racconto fantastico è ambientato in un universo realistico. Gli elementi magici o soprannaturali che intervengono sono in contrasto con questa ambientazione realistica, quella dell'Inghilterra di fine '900: David non crede alla magia finché non scopre le particolarità di Groosham Grange e dei suoi abitanti. Inoltre, questa scuola di stregoneria fa di tutto per rimanere segreta e nascondere la sua vera natura per non destare i sospetti della popolazione. Ecco i diversi elementi che rendono l'*Isola del Teschio* una storia fantastica:

- **creature fantastiche :** il signor Leloup è un lupo mannaro, il signor Kilgraw un vampiro e la signorina Pedicure è immortale;

- **orrore e terrore :** il romanzo non è privo di spaventi e paure, sentimenti spesso presenti nel genere fantasy. Alcune scene sono spettacolari:

- la morte del signor Troloin, l'ispettore del dipartimento, è un momento culminante della storia che lascia David e Jill attoniti, tanto "terrificante è la scena" (p. 128);

- il confronto notturno tra Jill, David e il lupo mannaro nella fitta foresta dell'Isola del Teschio (p. 126-127);

- la fuga di David sulla barca del capitano Baindesang, le cui mani strappate rimangono appese alla corda (p. 147).

- **riferimenti alla letteratura fantasy.** L'autore gioca con i codici del romanzo fantastico e fa riferimento ad opere o autori che hanno segnato il genere:

  - Gregor, il tuttofare della scuola, si riferisce a Igor, il fedele servitore di Frankenstein o Dracula, una figura tipica delle storie fantasy. È "orribilmente deforme", ha "un solo occhio", "una guancia gonfia, l'altra incavata" e "una rara peluria" (pp. 41-42). Chiama gli alunni "maestri";

  - All'inizio del romanzo, un corvo osserva David mentre si prepara a raggiungere l'Isola del Teschio. Probabilmente è l'animale domestico della signora Windergast. Ricorda il famoso poema "Il corvo" (1845) di Edgar Allan Poe (romanziere, drammaturgo e poeta americano, 1809-1849), maestro del genere fantastico;

  - Il romanzo è anche una citazione dell'*Isola del tesoro* (1883) di R. L. Stevenson (scrittore scozzese, 1850-1894), altra grande figura della letteratura fantastica. Il titolo dell'*Isola del Teschio* è quindi molto vicino a quello del romanzo di Stevenson. Il personaggio del capitano Baindesang fa parte di questo riferimento.

Con una "barba nera" e una "massa di capelli aggrovigliati", dotato di una spada e di una "benda", porta "una fibbia d'oro all'orecchio sinistro" (p. 46) e corrisponde alla tipica figura letteraria del lupo di mare. Il narratore si riferisce testualmente all'opera di Stevenson quando descrive il personaggio: "Avresti pensato che fosse uscito direttamente dall'*Isola del Tesoro*". (p. 46)

UN ROMANZO UMORISTICO

L'Isola del Teschio è improntato al registro del fumetto che lo rende un gustoso romanzo ibrido.

La commedia delle parole

La storia è piena di giochi di parole. Si trovano in:

- **i nomi dei personaggi**: il capitano Baindesang, il signor Kilgraw (*to kill* significa "uccidere"), il signor Leloup. Ognuno di essi si riferisce ad una caratteristica saliente del personaggio;

- **i giri di parole**: in riferimento ai direttori scolastici, che sono in realtà un uomo con due teste, l'autore scrive: "C'erano due teste a capo della scuola" (p. 136). O quando il padre di David esclama, a proposito del figlio: "Per anni ho aspettato che camminasse sulle mie orme, almeno sulle orme della mia sedia a rotelle, visto che io non posso camminare". (p. 24)

Commedia di carattere

La commedia di carattere è motivata dall'eccessiva personalità di un personaggio. Il personaggio è guidato da un vizio o da un'ossessione in modo così eccessivo da diventare ridicolo. Il personaggio del padre di Eliot, nella sua stupidità e nella sua eccessiva violenza, è comico. La sua inclinazione cartoonesca per la disciplina lo rende un personaggio ridicolo e ridicolo.

La comicità del gesto

La comicità del gesto, molto diffusa in teatro, si basa sui gesti dei personaggi (mimiche, smorfie, cadute, schiaffi, inciampi, ecc.) che provocano la risata dello spettatore. Horowitz lo usa in scene molto visive, soprattutto all'inizio del romanzo, nella famiglia Eliot: la povera madre di David continua a farsi male, sia per la goffaggine, sia per i colpi che il marito aveva inizialmente destinato al figlio: la travolge con la sedia, la accoltella, la colpisce, la schizza, la spinge in giro...

La discrepanza e l'assurdo

Horowitz si diverte a sorprendere il lettore con numerosi effetti di rottura, di discrepanza con ciò che ci si aspetta, che creano un effetto comico. David scrive nel suo diario a proposito della sua insegnante di inglese: "La signorina Pedicure ha denti perfetti. L'unico inconveniente è che li tiene in un bicchiere nell'angolo della scrivania" (p. 63). Tutto a Groosham Grange prende una piega cupa: il veicolo scolastico non è uno scuolabus ma un carro funebre; il pallone da calcio è "una vescica di maiale gonfiata" (p. 65); l'animale domestico dell'economo è un corvo; come pasto di benvenuto agli alunni non vengono servite patatine o torte ma "budino di sangue" (p. 53). Il divario così creato tra ciò che ci si aspetta da una scuola e la realtà di Groosham Grange è comico.

UNA SATIRA DELLA SOCIETÀ

L'Isola del Teschio, sotto l'aspetto scanzonato, può essere visto come un romanzo impegnato. Anthony Horowitz vi nasconde una critica alla società inglese moralista che satireggia nel corso della storia. I suoi messaggi sono trasmessi attraverso l'umorismo e l'esagerazione parodica.

La critica alla borghesia

La borghesia è rappresentata nel romanzo dai genitori di David, che sono caricaturali e del tutto indifferenti. Il padre, banchiere di professione, legge il *Financial Times*. Giura sulla finanza, ha regalato al figlio una valigetta per il suo ottavo compleanno e lo porta in borsa ogni anno come regalo di Natale. Ossessionato da una disciplina cieca e violenta, è insensibile e disumanizzato. La madre, una casalinga sottomessa al marito, è stupida e ha la sfortunata tendenza a bere ("ha versato un bicchierino di vodka nella sua ciotola di cereali", p. 18). La famiglia vive in un mondo freddo, assurdo e artificiale: il loro giardino "interamente riempito di piante di plastica" ne è un esempio perfetto (p. 28).

Critiche alle scuole pubbliche

Le scuole pubbliche sono dipinte come istituzioni violente, ingiuste e rigide, dove la libertà è soffocata fino all'ultimo respiro. Vengono praticate le punizioni più umilianti: quando viene espulso, tagliano "la cravatta di David a metà e dipingono la [sua] giacca di giallo davanti a tutta la scuola" (p. 13).

Il femminismo

Horowitz presenta la famiglia Eliot come la famiglia conservatrice per eccellenza. La signora Eliot è vessata dal marito, che le parla male e la ferisce più o meno involontariamente. Lei è d'accordo con tutto ciò che lui dice, ma le sue parole gentili contraddicono la paura che lei ha di lui: "Che cos'è, cara?" (p. 20); "Probabilmente hai ragione, cara", geme la signpora Eliot (p. 178). Quando David incontra Jill, una ragazza indipendente e volitiva, non può fare a meno di paragonarla a sua madre e di concludere che "risale all'era preistorica" (p. 31).

Inoltre, il punto di vista femminista dell'autrice si esprime nella sua caricatura delle scuole pubbliche per ragazze: Jill è scappata da tre scuole in cui le è stato insegnato "a comporre mazzi di fiori e a cucinare" (p. 34) e i suoi genitori la mandano a Groosham Grange pensando che potrà "imparare le buone maniere, il ricamo e simili sciocchezze" (p. 34), con il pretesto che, essendo una ragazza, dovrebbe limitarsi a imparare i lavori domestici.

La morale della storia

In questo racconto originale, Horowitz si diverte a sorprendere il lettore e a giocare con i codici della letteratura tradizionale. Decostruisce sia il manicheismo sia l'aspetto morale insito nelle fiabe: dà ai cattivi il loro posto in un mondo allegramente cupo. Come dice il signor Kilgraw alla fine della storia a proposito delle presunte creature malvagie che abitano l'Isola del Teschio: "Non abbiamo mai sganciato una bomba atomica, [...] non abbiamo mai inquinato [...] non abbiamo mai fatto esperimenti sugli animali o tagliato gli assegni familiari" (p. 173). Alla fine, è il mondo mortale, l'universo della nostra realtà, rappresentato in particolare dai genitori di David, che porta in sé la vera violenza.

ULTERIORI RIFLESSIONI

ALCUNE DOMANDE PER UN'ULTERIORE RIFLESSIONE...

- Quest'opera può essere descritta come una storia di iniziazione? Giustificate la vostra risposta.

- Come si può paragonare l'Isola del Teschio con gli Inferi della mitologia greco-latina?

- Che immagine dà Horowitz delle scuole pubbliche?

- Cosa avvicina quest'opera ad una meravigliosa fiaba?

- Classificherebbe quest'opera come una storia meravigliosa o fantastica? Giustificate la vostra risposta.

- In che modo il fatto che la scuola di stregoneria si trovi su un'isola è simbolico?

- Come costruisce Horowitz il suo umorismo e qual è il suo obiettivo?

- In *Maledetto Graal*, il sequel di *L'isola del Teschio* quali sviluppi si verificano nel personaggio di David? Commentare il rapporto di David con il vampiro Kilgraw.

- Quest'opera ricorda *Harry Potter* (1997-2007) di J. K. Rowling (scrittrice britannica, nata nel 1965). Confrontate l'*Isola del Teschio* con il primo libro della saga: *Harry Potter e la Pietra Filosofale*.

PER ANDARE OLTRE

EDIZIONE DI RIFERIMENTO

HOROWITZ A, *L'Île du crâne*, traduzione dall'inglese di Annick Le Goyot, Paris, Le Livre de Poche Jeunesse, 2014, 192 p.

STUDI DI BENCHMARK

BERGSON H., *Le Rire*, Parigi, PUF, 2006, 168 p.

CHEVALIER J. e GHEERBRANT A., *Dictionnaire des Symboles*, Paris, Robert Laffont, 1969.

HOROWITZ A., *Maudit Graal*, traduzione dall'inglese di Annick Le Goyot, Parigi, Le Livre de Poche Jeunesse, 2014, 192 p.

NOURISSIER F. e BIAISI P.-M. DE, *Dictionnaire des genres et notions littéraires*, Paris, Albin Michel, 2001.

POE E. A., « Le Corbeau », in *L'Intégrale illustrée*, Paris, Archipoche, coll. « Bibliothèque des Classiques », 2015, 850 p.

STEVENSON R. L., *L'isola del tesoro*, Parigi, Flammarion, 2010, 392 p.

ZIPES J., *The Oxford Encyclopedia of Children's Literature*, Oxford, Oxford University Press, vol. II, 2006.

Vogliamo sapere da voi!
Lasciate un commento sulla vostra biblioteca online
e condividete i vostri libri preferiti sui social media!

www.50minutes.com

Master ISBN: 9782808689823
ISBN cartaceo: 9782808611220
Deposito legale: D/2023/12603/1402

Copertura: © Primento

Concezione digitale a cura di Primento, il partner digitale degli editori.